recettes au
cuit-vapeur

Sandra LUCCHINI

Dormonval
CH - LUCERNE

PRÉPARATION TRÈS SIMPLE
PRÉPARATION FACILE
PRÉPARATION ÉLABORÉE

PEU COÛTEUSE
RAISONNABLE
CHÈRE

› Photographies : SAEP/Frédéric PERRIN.
› Graphisme : Valérie RENAUD.
› Coordination : SAEP/Éric ZIPPER.
› Composition et photogravure : SAEP/Arts Graphiques.
› Impression : Union Européenne.

Conception › saep création - 68040 Ingersheim - Colmar

Chaque jour, on nous rappelle qu'il faut manger mieux, consommer régulièrement des fruits et des légumes et varier nos menus. On ne peut qu'être d'accord avec ces recommandations ! Mais comment les mettre en pratique, au quotidien, et quelles nouvelles habitudes adopter pour y répondre ?

› La cuisine à la vapeur permet en partie d'aller dans le sens d'une meilleure alimentation, plus saine et, néanmoins, très savoureuse. Tout incite à la recommander vivement. Elle est simple, rapide et inratable. Ces trois qualités seraient à elles seules suffisantes pour provoquer l'adhésion, mais l'atout majeur de ce type de cuisson reste le « plus » nutritionnel.

› La cuisine à la vapeur nous permet en effet de renouer avec un art de vivre plus respectueux de la nature et de ses rythmes en nous incitant à acheter des produits frais, de saison et à les préparer de manière à préserver leur teneur en vitamines. La vapeur douce, inférieure à 95 °C, se charge ensuite de les cuire sans les abîmer, en les débarrassant de leurs toxines et en préservant leurs éléments nutritifs. Cette chaleur douce permet de surcroît d'éviter les odeurs en cuisine et d'offrir à la consommation des aliments aux parfums délicats, jamais dénaturés par un mode de cuisson agressif.

› Que demander de plus, sinon peut-être du temps pour savourer à notre aise tant de délices, mais parions que nous en aurons…

LA PETITE HISTOIRE

› Les origines de la cuisson à la vapeur remontent loin en arrière. Depuis des millénaires, on se sert dans les pays asiatiques de paniers de cuisson en bambou ou en osier qui se présentent sous des formes variées. Les ingrédients sont placés dans ces paniers sur un linge fin et posés au-dessus d'un récipient d'eau bouillante (les Chinois utilisent le wok).

› Peu répandu en Occident, ce mode de cuisson a pris un véritable essor dans les années 1980. Une des dates importantes dans son histoire est la découverte au XVIIe siècle de la soupape de sécurité. Maîtriser la vapeur a permis de rendre la technique utilisable.

› Dans les années 1950, la fameuse Cocotte-minute® est dans tous les foyers. Symbole de modernité, elle révolutionne la cuisine maison !

› Le cuit-vapeur fait son apparition dans les années 1990 et avec lui le souci de mieux manger. C'est un allié précieux de la vie quotidienne qui permet de préserver les saveurs naturelles des produits. Pratique, il s'arrête seul grâce à sa minuterie et on peut y cuire plusieurs plats simultanément.

QUAND VAPEUR RIME AVEC SAVEUR…

› Prétendre que la cuisson à la vapeur affadit le goût des aliments est la preuve que l'on n'a jamais testé la technique en question ! Au contraire, c'est à une redécouverte de la saveur des aliments que nous convie la cuisine à la vapeur. Saveurs, parfums, couleurs et textures sont beaucoup mieux préservés à la vapeur qu'à la poêle ou dans une casserole d'eau. De plus, les sels minéraux des végétaux restant intacts, présents au goût, cela permet de diminuer ou même de supprimer le sel.

… et avec santé

› La cuisson à la vapeur est le meilleur mode de cuisson pour une alimentation saine. Parce qu'elle est rapide et s'effectue sans eau et à l'abri de l'air, elle préserve les bienfaits nutritifs des produits. On sait que les besoins en vitamines du corps humain sont très importants et qu'il est donc primordial d'adopter une alimentation variée. Aujourd'hui, le programme national nutrition conseille de consommer au minimum cinq légumes ou fruits par jour. Les effets favorables d'une telle alimentation sont connus : moins de cancers, de maladies cardiovasculaires ou d'obésité, pour ne citer que ces pathologies. Un aliment cuit à la vapeur douce conserve une teneur intéressante en vitamines et en oligoéléments, ce qui n'est pas le cas pour les autres modes de cuisson. Mais, attention, l'apport vitaminique d'un aliment n'est garanti qu'à condition de prendre certaines précautions !

› Une cuisson à la vapeur à moins de 100 °C permettra de respecter les vitamines sensibles à la chaleur. Un exemple : le brocoli cuit à la vapeur présente encore 84 % de vitamine C contre 30 % lorsqu'il est cuit à l'eau (les vitamines B et C sont hydrosolubles, c'est-à-dire que les produits qui en contiennent perdent leurs propriétés dans l'eau). Et, sans gras, elle gardera captives les vitamines solubles dans les graisses (liposolubles), comme la vitamine A ou la vitamine E.

› Des produits frais, de saison, choisis avec soin permettront aussi d'augmenter la proportion de vitamines. À l'achat, les légumes devront être fermes, sans rides et bien lisses. Il est recommandé de les garder le plus intacte possible jusqu'au moment de l'épluchage. On gardera fanes, feuilles et barbes ! Cela limite le processus d'oxydation et permet de conserver les légumes plus longtemps, même s'il faut idéalement les manger le jour de l'achat. Si cela est possible, il faut même éviter d'éplucher les légumes avant de les cuire, car leur peau contient beaucoup de vitamines. De même, les brosser ou les rincer rapidement suffira. En effet, la cuisson à la vapeur permet d'épurer les toxines et les pesticides de surface. On évitera ainsi de laisser les légumes tremper, ce qui a pour effet de les oxyder rapidement.

DES VITAMINES PRÉSERVÉES

› Un des atouts majeurs de la cuisson à la vapeur est sa capacité à préserver les vitamines des aliments. Pourquoi est-ce si important ? Ce petit tour d'horizon peut permettre d'en avoir un rapide aperçu…

Quelles vitamines ?	Où ?	Leur rôle
Vitamine A	Produits d'origine animale : lait entier, jaune d'œuf, huile de foie de poisson, beurre.	Aide au bon état de la peau et des muqueuses. Joue un rôle sur la vision et la croissance.
Provitamine A ou bêta-carotène	Carotte, persil, cresson, brocoli, épinard, chou vert et rouge, salade verte, abricot, brugnon, pêche, mangue.	
Vitamine B	Levure, abats, céréales, foie, champignons, lentilles, jaune d'œuf.	Les vitamines B jouent de nombreux rôles dans l'organisme. Entre autres dans le fonctionnement du système nerveux, au niveau de la peau et des cheveux et dans la formation des globules rouges.
Vitamine C	Persil, chou, radis noir, épinard, fenouil, haricot vert, bette, poivron, cerfeuil, fruits rouges, agrumes, fruits exotiques.	Action antioxydante. Aide à renforcer les défenses de l'organisme, augmente le tonus. Stimule le fonctionnement cérébral.

Vitamine D	Poissons gras, jaune d'œuf, avocat, beurre, lait entier.	Permet l'absorption et la fixation du calcium. Rôle osseux majeur.
Vitamine E	Huiles végétales, fruits oléagineux, foie de morue, jaune d'œuf.	Action antioxydante contre les radicaux libres.

LA CUISSON PROPREMENT DITE

› La cuisson à la vapeur consiste à verser dans un récipient le quart de son volume en eau et à placer les aliments dans un ou plusieurs paniers posés au-dessus de l'eau en ébullition, puis à laisser cuire doucement, en général à couvert. De cette manière, les aliments soumis à la chaleur ne sont pas en contact avec le liquide. Ils libèrent des arômes volatiles et un peu de saveurs et de vitamines vers le bas. Pour limiter cette perte, il suffit de glisser une feuille de papier sulfurisé sur le fond du panier, en laissant des trous sur le côté pour que la chaleur puisse continuer à circuler. Tous les aliments se prêtent bien à la cuisson à la vapeur. Seuls quelques légumes secs échappent à la règle.

COMMENT ET AVEC QUEL APPAREIL ?

› Le panier en bambou

Il en existe de plusieurs tailles, munis de couvercles. On peut en superposer deux ou trois sur n'importe quel récipient allant sur le feu ou sur un wok qui contiendra l'eau bouillante. Bien sûr, il faut que les dimensions du récipient et du panier soient adaptées. L'eau ne doit pas être en contact avec le fond du panier.

› La claie en bambou

Posée sur un wok ou sur un autre récipient de taille adaptée et contenant l'eau bouillante, elle reçoit directement les aliments à cuire ou bien un plat supportant la chaleur. On peut couvrir avec le couvercle du wok ou avec une feuille de papier d'aluminium.

› Le panier en métal

On l'utilise de la même manière que le panier en bambou. Il est chinois, comme ce dernier. Il offre l'avantage d'être plus facile à nettoyer.

› Le cuit-vapeur traditionnel

En acier inoxydable, il comporte une marmite, un panier perforé et un couvercle. C'est dans la marmite que l'on fait bouillir l'eau ou bien cuire les aliments qui produiront la vapeur nécessaire (bouillon, sauce, plats mijotés). Le panier, assez profond, peut recevoir des plats ou des moules supportant la chaleur. C'est par excellence l'ustensile le plus approprié à la cuisson à la vapeur. Il permet de vérifier à tout moment la cuisson des aliments en soulevant le couvercle. Sur ce principe, on peut se servir d'un couscoussier, mais il n'offre pas les conditions idéales de cuisson.

TEMPS ET QUANTITÉ

› Les temps de cuisson sont approximatifs. Ils dépendent de nombreux paramètres comme la fraîcheur des produits, leur dimension ou leur qualité. Le mieux est de vérifier la cuisson en soulevant avec précaution le couvercle du cuit-vapeur et en piquant les aliments avec un petit couteau. Il faut éviter de soulever le couvercle vers soi, afin de limiter les risques de brûlure. Vous verrez vite que la vapeur aussi, c'est chaud ! Si l'on utilise un autocuiseur, alors c'est l'expérience, qui donne, peu à peu, une juste appréciation du temps de cuisson adapté.

› La quantité d'eau doit être adaptée au temps de cuisson. Pour une cuisson au cuit-vapeur traditionnel ou électrique, il faut compter 50 cl d'eau pour 15 minutes de cuisson. On peut néanmoins ajouter de l'eau bouillante si elle venait à manquer. Pour une cuisson à l'autocuiseur, prévoyez 75 cl.

› On place les aliments dans le panier au moment où l'eau bout à gros bouillon. Inutile de saler ou d'aromatiser l'eau. La vapeur reste de la vapeur et aucune particule ne s'élève avec elle.

› On doit toujours jeter l'eau ayant servi à fournir de la vapeur, car elle contient les toxines et les graisses récupérées lors de la cuisson.

› Le cuit-vapeur électrique

C'est un appareil qui répond en grande partie aux exigences de la cuisson à la vapeur. On ne peut malheureusement pas y préparer de plats mijotés ou de bouillons. C'est en effet une résistance placée dans le fond de l'appareil qui sert à réchauffer l'eau dès la mise en marche. On ne pourra rien y mettre d'autre ! On installe ensuite un réservoir percé d'un ou de deux trous destiné à recueillir le jus de cuisson, puis un ou deux paniers perforés dans lesquels on aura mis les aliments à cuire. Un couvercle transparent rend facile le contrôle de la cuisson. Cet ustensile permet d'effectuer plusieurs cuissons en même temps.

› L'autocuiseur

Quand on est pressé, c'est l'idéal. Les modèles récents possèdent une position « vitamines » ; ils permettent de réduire encore le temps de cuisson, mais la vapeur pression ne vaut pas la vapeur douce.

› Le four à micro-ondes fonction vapeur

Certains fours à micro-ondes multicuissons permettent aujourd'hui de cuire les aliments à la vapeur.

› Avec les moyens du bord... la marguerite ou le panier en métal

Si vous n'avez pas d'appareil adapté à la cuisson à la vapeur, rien ne vous empêche d'essayer avec ce que vous avez sous la main. C'est-à-dire une casserole, un panier perforé en métal, une passoire ou une marguerite, et un couvercle. Le procédé fort simple est le suivant : de l'eau qui bout dans la casserole, le panier placé au-dessus, les aliments dans le panier et le couvercle pour clore le tout. Une seule règle à respecter dans ce montage : les aliments ne doivent pas toucher l'eau. Mais il y a fort à parier qu'en y prenant goût vous vous équipiez d'un ustensile approprié.

TABLEAU DES TEMPS DE CUISSON DES ALIMENTS

› Les temps de cuisson sont donnés à titre indicatif.
Ces durées dépendent beaucoup de la qualité des aliments à cuire, de leur grosseur et de leur fraîcheur.
Pour le cuit-vapeur, le temps est donné à partir du moment où l'eau bout, couvercle fermé. Pour l'autocuiseur, à partir du moment où la soupape chuchote.

légumes	cuit-vapeur entiers	cuit-vapeur coupés	autocuiseur entiers	autocuiseur coupés
artichauts	30 min	10 min	16 min	6 min
asperges	25 min	15 min	12 min	6 min
aubergines	30 min	20 min	10 min	3 min
bettes	25 min	15 min	9 min	6 min
brocolis en bouquets		15 min		3 min
carottes	20 min	12 min	10 min	7 min
céleri-rave en bâtonnets		15 min		5 min
chou vert émincé		15 min		6 min
choux de Bruxelles	15 min		6 min	
chou-fleur en bouquets		15 min		3 min
courgettes en rondelles		12 min		3 min
endives coupées en 2		30 min		14 min
épinards	12 min		4 min	
fenouil	30 min	15 min	15 min	6 min
haricots verts	12 min		6 min	
lentilles	30 min		15 min	
navets	18 min	12 min	10 min	5 min
oignons émincés		10 min		5 min
petits pois écossés	12 min		2 min	
poireaux en tronçons		25 min		12 min
pois cassés	40 min		17 min	
poivrons		20 min		6 min
pommes de terre	-	25 min		9 min

légumes	cuit-vapeur entiers	cuit-vapeur coupés	autocuiseur entiers	autocuiseur coupés
potiron		20 min		5 min
tomates	12 min 2 min (pour les peler)			
poissons		**filets**		**filets**
bar (1 kg)	25 min	10 min		4 min
daurade (1 kg)	25 min	13 min		6 min
lotte		12 min		4 min
darnes de saumon		5 min		4 min
steaks de thon		15 min		6 min
viandes				
poulet (1,5 kg)	1 h		20 min	
canard (1,5 kg)	45 min		25 min	
rôti de porc	40 min		25 min	
rôti de bœuf	30 min		10 min	
gigot d'agneau	1 h		20 min	

bouillon de volaille

2 carottes / 1 branche de céleri / 1 tête d'ail / 2 kg d'os de poulet (carcasse, ailerons, cou, tête...) / 1 oignon piqué de 2 clous de girofle / 1 bouquet garni / 8 grains de poivre.

1,5 L – PRÉP. : 10 MIN – CUIT-VAPEUR : 5 MIN
CUISS. : 3 H

1 › Mettre 50 cl d'eau à bouillir dans la partie basse du cuit-vapeur.
2 › Gratter les carottes et les couper en tronçons. Couper la branche de céleri en deux. Ne pas éplucher la tête d'ail, mais la couper en deux dans le sens de la largeur.
3 › Passer les carcasses de poulet et les légumes à la vapeur pendant 5 minutes.
4 › Placer le tout dans la cocotte avec l'oignon, le bouquet garni et les grains de poivre. Verser 2 l d'eau dessus et porter à ébullition. Baisser le feu et laisser frémir pendant 3 heures, en écumant régulièrement la surface.
5 › Filtrer le bouillon avec un chinois.
6 › Consommer aussitôt ou conserver au frais pour un usage ultérieur.

On peut aussi congeler ce bouillon en veillant à le séparer en petites portions faciles à décongeler par la suite.

sauce au yaourt et aux fines herbes

1 citron non traité / 200 g de yaourt brassé / 2 cuil. à soupe de menthe et de mélisse fraîches hachées / Sel, poivre blanc.

20 CL – PRÉP. : 5 MIN

1 › Râper le zeste du citron et presser son jus.
2 › Dans un bol, fouetter le yaourt avec le jus de citron et 1 demi-cuillerée de zeste râpé. Saler et poivrer. Incorporer les fines herbes. Bien mélanger. Mettre au réfrigérateur jusqu'au moment de servir.

Cette sauce peut s'associer aux légumes, aux viandes et aux poissons froids. Elle est également délicieuse pour accompagner un plateau de crudités ou un poisson fumé.

coulis de poivrons

700 g de poivrons rouges / Le jus de 1/2 citron / 1 pointe de piment de Cayenne / Sel, poivre du moulin.

25 CL – PRÉP. : 5 MIN – CUIT-VAPEUR : 20 MIN
AUTOCUISEUR : 7 MIN

1 › Mettre 50 cl d'eau à bouillir dans la partie basse du cuit-vapeur.

2 › Équeuter les poivrons, enlever les graines et les parties blanches. Les couper en lanières assez larges et placer celles-ci dans le panier. Les faire cuire à la vapeur pendant 20 minutes. Les laisser refroidir avant de les éplucher.

3 › Mixer les poivrons pendant 3 minutes jusqu'à l'obtention d'une purée bien lisse. Ajouter le jus de citron et le piment de Cayenne. Saler et poivrer. Bien mélanger.

4 › Servir tiède ou froid.

Avec la vapeur, éplucher les poivrons devient un jeu d'enfant ! On peut ajouter à ce coulis quelques gouttes d'huile d'olive ou un peu de crème fraîche.

coulis de fruits

400 g de fruits frais (framboises, fraises, abricots ou mangue...) / Le jus de 1 citron / 3 cuil. à soupe de sucre glace (facultatif).

25 CL – PRÉP. : 15 MIN

1 › Laver les fruits puis éliminer ceux qui sont abîmés. Les équeuter ou les peler selon les cas, retirer noyaux et pépins. Couper les plus gros fruits en morceaux.

2 › Passer les fruits au mixeur avec le jus de citron et le sucre glace pendant 3 minutes. Filtrer le coulis au chinois.

3 › Mettre au frais jusqu'au moment de servir.

Ce coulis est excellent avec un moelleux au chocolat et sur des fruits cuits.

asperges tièdes et crème fouettée à l'orange

1 kg d'asperges vertes / 25 cl de crème fraîche liquide bien froide / 2 cuil. à soupe de moutarde forte / 4 gouttes d'huile essentielle d'orange / Sel, poivre noir du moulin.

4 PERS. – PRÉP. : 15 MIN – CUIT-VAPEUR : 20 MIN
AUTOCUISEUR : 12 MIN

1 › Gratter les asperges de la pointe vers la racine. Couper la base.
2 › Mettre 50 cl d'eau à bouillir dans la partie basse du cuit-vapeur.
3 › Déposer les asperges dans le panier, couvrir et laisser cuire pendant environ 20 minutes.
4 › Fouetter la crème au batteur jusqu'à ce qu'elle soit bien ferme. Ajouter la moutarde et l'huile essentielle sans cesser de fouetter. Saler et poivrer.
5 › Dès que les asperges sont cuites, les répartir dans 4 assiettes et les servir tièdes avec la crème à l'orange.

Des saveurs en synergie avec la finesse végétale de l'asperge et la douceur de l'orange.

caviar d'aubergine

4 aubergines / 4 gousses d'ail pelées / 12 cl d'huile d'olive / Sel, poivre.

4 PERS. – PRÉP. : 15 MIN – CUIT-VAPEUR : 30 MIN
AUTOCUISEUR : 12 MIN

1 › Mettre 1 l d'eau à bouillir dans la partie basse du cuit-vapeur.
2 › Placer les aubergines entières dans le panier et les faire cuire à la vapeur pendant 30 minutes.
3 › Réduire l'ail en purée dans un mortier.
4 › Laisser refroidir les aubergines, puis les couper en deux et en extraire la chair. Mixer celle-ci avec la purée d'ail en incorporant l'huile en filet. Saler et poivrer.
5 › Réserver au réfrigérateur avant de servir.

À déguster en toutes occasions sur du pain grillé ou sur des légumes frais cuits à la vapeur.

› asperges tièdes et crème fouettée à l'orange

avocats au coulis de poivrons

avocats au coulis de poivrons

2 beaux poivrons rouges / Le jus de 1 citron vert / 1 cuil. à soupe d'huile d'olive / Une pincée de piment d'Espelette / 2 avocats / Sel, poivre.

4 PERS. – PRÉP. : 15 MIN – CUIT-VAPEUR : 15 MIN
AUTOCUISEUR : 7 MIN

1 › Équeuter les poivrons, enlever les graines et les filaments. Détailler la chair en lanières assez larges.

2 › Mettre 50 cl d'eau à bouillir dans la partie basse du cuit-vapeur. Disposer les poivrons dans le panier, couvrir et laisser cuire pendant 15 minutes. Laisser refroidir avant d'enlever la peau. Mixer la chair du poivron avec 1 demi-cuillerée à soupe de jus de citron et l'huile d'olive jusqu'à obtention d'une purée bien lisse. Ajouter un peu d'eau glacée si la préparation semble trop épaisse. Saler et poivrer. Ajouter le piment d'Espelette.

3 › Couper les avocats en deux, retirer le noyau, prélever la pulpe et la couper en lamelles. Arroser celles-ci avec le reste de jus de citron.

4 › Verser le coulis de poivrons dans 4 assiettes glacées. Disposer les lamelles d'avocat dessus.

brocolis aux raisins et à la tapenade

Le jus de 1 citron / 4 cuil. à soupe d'huile d'olive / 2 cuil. à soupe de tapenade noire / 1 kg de brocolis (ou romanesco) / 4 cuil. à soupe de raisins secs / 25 g de pignons dorés à sec / Sel, poivre.

4 PERS. – PRÉP. : 15 MIN – CUIT-VAPEUR : 5 MIN
AUTOCUISEUR : 3 MIN

1 › Mettre 50 cl d'eau à bouillir dans la partie basse du cuit-vapeur.

2 › Dans un bol supportant la chaleur, fouetter le jus de citron avec l'huile et la tapenade. Saler et poivrer. Couvrir d'un film alimentaire.

3 › Couper les tiges des brocolis au ras des bouquets et séparer ceux-ci les uns des autres. Les déposer dans le panier avec les raisins secs et le bol contenant la vinaigrette. Faire cuire à la vapeur pendant 5 minutes. Égoutter les brocolis.

4 › Mettre les brocolis dans un plat creux, les napper de sauce et mélanger délicatement. Parsemer de pignons et servir aussitôt.

salade de carottes épicée

6 carottes / 2 gousses d'ail pelées / 1 cuil. à café de cumin en poudre / 1 cuil. à café de paprika / 2 cuil. à soupe de persil plat haché / Le jus de 2 citrons / 4 cuil. à soupe d'huile d'olive / Quelques graines de cumin / Sel, poivre.

4 PERS. – PRÉP. : 5 MIN – CUIT-VAPEUR : 10 MIN
AUTOCUISEUR : 5 MIN

1 › Peler les carottes et les couper en rondelles de 5 mm d'épaisseur. Couper les gousses d'ail en deux, retirer les germes puis les émincer en lamelles.

2 › Mettre 50 cl d'eau à bouillir dans la partie basse du cuit-vapeur. Placer les légumes dans le panier. Faire cuire à la vapeur pendant 10 minutes. Les carottes doivent rester assez fermes.

3 › Dans un bol, mélanger le cumin, le paprika, le persil haché et le jus de citron. Saler légèrement. Verser l'huile en filet tout en mélangeant.

4 › Mettre les carottes chaudes dans un plat creux, verser la sauce dessus et mélanger délicatement. Parsemer de graines de cumin. Poivrer au moment de servir.

5 › Servir tiède ou froid.

Cette salade est un classique de la cuisine orientale et, pour qui aime le cumin, un véritable délice.

gâteau de chou-fleur

1 chou-fleur / 2 cuil. à soupe de câpres fines au vinaigre / 60 g d'olives vertes dénoyautées et hachées / Deux pincées de piment en poudre / 2 cuil. à soupe d'huile d'olive / 3 œufs / 1 cuil. à café de fécule de maïs / 10 cl de lait / 10 cl de crème fraîche liquide / Sel.

4-6 PERS. – PRÉP. : 20 MIN – CUIT-VAPEUR : 35 MIN
AUTOCUISEUR : 18 MIN

1 › Mettre 50 cl d'eau à bouillir dans la partie basse du cuit-vapeur.

2 › Séparer le chou-fleur en petits bouquets, le laver et le faire cuire à la vapeur pendant 10 minutes. Le mettre dans un saladier avec les câpres égouttées, les olives hachées et le piment. Saler. Bien mélanger.

3 › Huiler un moule à savarin. Mélanger les œufs avec la fécule de maïs puis incorporer le lait et la crème en fouettant vivement. Saler. Verser cette préparation sur le chou-fleur. Bien mélanger et verser le tout dans le moule. Couvrir d'une feuille de papier d'aluminium. Placer le moule dans le panier.

4 › Mettre 1 l d'eau à bouillir dans la partie basse du cuit-vapeur. Faire cuire le gâteau à la vapeur pendant 25 minutes.

5 › Sortir le gâteau du panier et laisser refroidir pendant 10 minutes avant de démouler.

6 › Servir chaud ou froid.

Ce gâteau s'accorde bien avec un coulis de poivrons (p. 17).

gratin de céleri-rave

1 boule de céleri-rave / 25 cl de crème fraîche / 1 bouquet de cerfeuil finement ciselé / 1 cuil. à soupe d'huile d'olive / Sel, poivre du moulin.

4 PERS. – PRÉP. : 20 MIN – CUIT-VAPEUR : 8 MIN
AUTOCUISEUR : 5 MIN – CUISS. : 10 MIN

1 › Mettre 50 cl d'eau à bouillir dans la partie basse du cuit-vapeur.

2 › Peler largement le céleri-rave et le couper en quartiers. Recouper chaque quartier en tranches fines, les saupoudrer de sel puis les déposer dans le panier. Faire cuire à la vapeur pendant 8 minutes. Égoutter sur du papier absorbant.

3 › Porter la crème fraîche à ébullition. Retirer du feu et ajouter le cerfeuil haché. Saler et poivrer.

4 › Dans un plat à gratin huilé, alterner les tranches de céleri avec la crème fraîche, en terminant par celle-ci. Faire cuire au four à 180 °C (th. 6) pendant 10 minutes.

5 › Servir chaud.

On peut servir ce gratin avec une viande blanche ou un poisson.

› gâteau de chou-fleur p. 23

roulés de chou vert

100 g de riz / 1 chou-vert frisé / 250 g de chair à saucisse / 1 oignon rouge haché / 1 cuil. à café de graines de fenouil / Une pincée de graines de carvi / 15 cl de crème fraîche / 1 cuil. à soupe de jus de citron / 2 brins d'aneth hachés / Sel, poivre du moulin.

4 PERS. – PRÉP. : 30 MIN – CUISS. RIZ : 10 MIN
CUIT-VAPEUR : 34 MIN
AUTOCUISEUR : 15 MIN

1 › Placer le riz dans de l'eau bouillante salée. Laisser cuire pendant 10 minutes. Égoutter. Réserver.

2 › Mettre 50 cl d'eau à bouillir dans la partie basse du cuit-vapeur.

3 › Laver le chou et l'effeuiller. Retirer les côtes dures de 12 belles feuilles. Passer tout le chou à la vapeur pendant 4 minutes. Réserver les feuilles et hacher finement le reste.

4 › Dans un saladier, mélanger la chair à saucisse, l'oignon haché et les épices. Ajouter le riz et une poignée de chou haché. Mélanger intimement. Saler et poivrer.

5 › Déposer 1 cuillerée à soupe de farce sur le bord d'une feuille de chou. Replier les côtés sur la farce et rouler la feuille vers le haut. Procéder de la même manière pour les autres roulés. Les disposer au fur et à mesure dans le panier du cuit-vapeur.

6 › Mettre 1 l d'eau à bouillir dans la partie basse du cuit-vapeur.

7 › Mettre le panier en place et laisser cuire pendant 30 minutes à la vapeur.

8 › Dans un bol, mélanger la crème fraîche avec le jus de citron et l'aneth. Saler et poivrer. Réserver au frais.

9 › Disposer les roulés dans 4 assiettes avec de petits ramequins de crème.

Choisir un chou bien vert, bien ferme et sans feuilles abîmées.

courgettes à la menthe

800 g de petites courgettes bien fermes / 1 bouquet de menthe fraîche / 1 cuil. à soupe de jus de citron / Le zeste de 1/2 citron non traité / 2 cuil. à soupe de vinaigre de vin rouge / 5 cuil. à soupe d'huile d'olive / 80 g d'amandes mondées et grillées / Sel, poivre du moulin.

4 PERS. – PRÉP. : 10 MIN – CUIT-VAPEUR : 10 MIN
AUTOCUISEUR : 4 MIN

1 › Mettre 50 cl d'eau à bouillir dans la partie basse du cuit-vapeur.

2 › Laver les courgettes et ôter les extrémités. Les couper en quatre, puis en bâtonnets.

3 › Placer les bâtonnets de courgette dans le panier avec 2 brins de menthe. Laisser cuire à couvert pendant environ 10 minutes.

4 › Hacher le reste de la menthe et la mettre dans un plat de service creux. Ajouter le jus et les zestes de citron, le vinaigre et l'huile d'olive. Saler.

5 › Mettre les bâtonnets de courgette dans le plat après avoir retiré les brins de menthe. Ajouter les amandes. Bien mélanger. Laisser refroidir.

6 › Donner quelques tours de moulin à poivre avant de servir.

velouté de courgettes au basilic

6 courgettes / 1 gousse d'ail pelée / 8 feuilles de basilic / 200 g de chèvre fermier / Le jus de 1/2 citron / Sel, poivre du moulin.

4 PERS. – PRÉP. : 10 MIN – CUIT-VAPEUR : 15 MIN
AUTOCUISEUR : 4 MIN

1 › Laver rapidement les courgettes et couper les extrémités. Les découper en rondelles sans les éplucher. Les placer dans le panier du cuit-vapeur avec l'ail et 4 feuilles de basilic.

2 › Mettre 50 cl d'eau à bouillir dans la partie basse du cuit-vapeur. Mettre le panier en place et faire cuire à la vapeur pendant 15 minutes.

3 › Mixer les légumes avec le reste de basilic, le fromage de chèvre et le jus de citron. Saler et poivrer.

courgettes farcies à la ricotta

1,200 kg de petites courgettes rondes / 2 cuil. à soupe de fines herbes hachées (coriandre, basilic, persil plat) / 1 oignon épluché et émincé / 250 g de ricotta / 1 œuf / 2 cuil. à soupe de parmesan fraîchement râpé / 1 bouquet de marjolaine fraîche hachée / Noix de muscade / 2 cuil. à soupe d'huile d'olive / Sel, poivre.

4 PERS. – PRÉP. : 25 MIN – CUIT-VAPEUR : 20 MIN
AUTOCUISEUR : 12 MIN

1 › Laver les courgettes et couper un petit chapeau dans la partie supérieure de chacune.

2 › Répandre les fines herbes et l'oignon émincé au fond d'un panier du cuit-vapeur.

3 › Vider partiellement les courgettes à la petite cuillère en laissant une bonne épaisseur de peau. Les saler et les placer dans un second panier. Mettre 50 cl d'eau à bouillir dans la partie basse du cuit-vapeur. Mettre les deux paniers en place, couvrir et laisser cuire pendant 5 minutes. Égoutter et laisser tiédir.

4 › Hacher les fines herbes et l'oignon. Essuyer l'intérieur des courgettes avec un linge.

5 › Dans un saladier, mélanger la ricotta avec les herbes et l'oignon hachés, l'œuf, le parmesan, la marjolaine et une pincée de noix de muscade râpée. Saler et poivrer.

6 › Mettre 50 cl d'eau à bouillir dans la partie basse du cuit-vapeur.

7 › Remplir les courgettes de préparation à la ricotta, les remettre dans le panier du cuit-vapeur et faire cuire pendant 15 minutes.

8 › Arroser d'un filet d'huile d'olive avant de servir.

On peut aussi réaliser cette recette avec des courgettes longues.

courgettes farcies à la ricotta p. 29

velouté d'endives au cerfeuil

4 belles endives / 2 pommes de terre pelées et coupées en dés / 4 brins de cerfeuil + quelques pluches pour décorer / 1 l de bouillon de volaille / 10 cl de crème fraîche liquide / Quelques grains d'anis vert / Sel, poivre du moulin.

4 PERS. – PRÉP. : 15 MIN – CUIT-VAPEUR : 20 MIN
AUTOCUISEUR : 14 MIN

1 › Essuyer les endives puis ôter le cône dur de la base en la creusant avec un couteau pointu. Couper les endives en rondelles. Les mettre dans le panier avec les pommes de terre et les brins de cerfeuil.

2 › Mettre 1 l d'eau à bouillir dans la partie basse du cuit-vapeur. Faire cuire les légumes à la vapeur pendant 20 minutes.

3 › Faire chauffer le bouillon de volaille.

4 › Passer les endives et les pommes de terre au mixeur en ajoutant le bouillon petit à petit. Ajouter la crème liquide et quelques grains d'anis. Mixer encore quelques secondes. Saler et poivrer. Verser dans la soupière. Décorer de pluches de cerfeuil.

5 › Servir chaud.

épinards à la crème

1 kg d'épinards en branche / 10 cl de crème fraîche / 5 cl de yaourt brassé / 1 cuil. à soupe de marjolaine hachée / Sel, poivre blanc.

4 PERS. – PRÉP. : 20 MIN – CUIT-VAPEUR : 15 MIN
AUTOCUISEUR : 4 MIN

1 › Équeuter et laver soigneusement les épinards. Les découper en larges lanières.

2 › Mettre 50 cl d'eau à bouillir dans la partie basse du cuit-vapeur. Mettre les épinards dans le panier et faire cuire pendant 10 minutes.

3 › Placer les épinards cuits dans un plat de service.

4 › Mélanger la crème avec le yaourt et la marjolaine. Saler et poivrer. Verser cette crème dans un bol supportant la chaleur puis déposer celui-ci dans le panier du cuit-vapeur. Réchauffer pendant 5 minutes à la vapeur et verser sur les épinards. Mélanger délicatement.

5 › Servir aussitôt.

Si la cuisson s'effectue à l'autocuiseur, réchauffer la crème dans une casserole sur feu doux.

fèves au cumin

1 kg de fèves / 3 cuil. à soupe d'huile d'olive / 1 cuil. à soupe de cumin en poudre / Le jus de 1/2 citron / Sel, poivre du moulin.

4 PERS. - PRÉP. : 20 MIN - CUIT-VAPEUR : 15 MIN
AUTOCUISEUR : 6 MIN

1 › Écosser les fèves.

2 › Mettre 50 cl d'eau à bouillir dans la partie basse du cuit-vapeur. Passer les fèves à la vapeur pendant 3 minutes. Les égoutter. Retirer la petite peau qui les enveloppe en incisant le sommet de chaque fève avec la pointe d'un couteau puis en la faisant glisser hors de son enveloppe.

3 › Remettre les fèves dans le panier du cuit-vapeur. Laisser cuire pendant 12 minutes.

4 › Mélanger l'huile d'olive avec le jus de citron et le cumin en poudre. Saler et donner 2 ou 3 tours de moulin à poivre. Verser sur les fèves chaudes. Mélanger.

5 › Servir chaud ou tiède.

salade de haricots verts aux raisins

600 g de haricots verts bien frais / 300 g de raisins blancs (gros grains) / 1 échalote / 2 cuil. à soupe d'huile d'olive / 1 cuil. à soupe d'huile de noix / Le jus de 1 citron / Sel, poivre.

4 PERS. – PRÉP. : 20 MIN – CUIT-VAPEUR : 20 MIN
AUTOCUISEUR : 8 MIN

1 › Mettre 75 cl d'eau à bouillir dans la partie basse du cuit-vapeur.

2 › Effiler et laver les haricots verts. Les mettre dans le panier du cuit-vapeur, couvrir et faire cuire pendant 20 minutes.

3 › Laver le raisin, le sécher sur du papier absorbant et couper les grains en deux.

4 › Préparer la vinaigrette : peler et hacher l'échalote. La mettre dans un bol, ajouter les huiles avec le jus de citron. Bien mélanger. Saler et poivrer.

5 › Réunir les haricots verts égouttés et les raisins dans un plat de service creux, les arroser de vinaigrette et mélanger délicatement.

6 › Servir tiède ou froid.

Pour cette recette, choisir des haricots verts bien fermes et les consommer le jour de l'achat. Pour faire de ce plat un plat complet, ajouter une céréale de son choix et un œuf.

chaussons de laitue aux petits légumes

2 laitues / 2 carottes pelées / 200 g de haricots verts effilés / 200 g de petits pois écossés / 150 g de fromage frais / 2 cuil. à soupe d'huile d'olive / 1/2 cuil. à café de graines de cumin / 1/2 botte de ciboulette ciselée / 1 citron coupé en rondelles / 15 cl de crème fraîche / 1 cuil. à café de moutarde forte / Le jus de 1/2 citron / Sel, poivre du moulin.

4 PERS. – PRÉP. : 25 MIN – CUIT-VAPEUR : 25 MIN
AUTOCUISEUR : 10 MIN

1 › Couper le trognon des laitues, éliminer les feuilles abîmées et détacher les grandes feuilles. Enlever les côtes. Réserver les cœurs des laitues.

2 › Mettre 50 cl d'eau à bouillir dans la partie basse du cuit-vapeur. Blanchir les feuilles et les cœurs de laitue pendant 3 minutes, puis les disposer sur un linge.

3 › Détailler les carottes et les haricots verts en petits dés. Les faire cuire avec les petits pois dans le panier du cuit-vapeur pendant environ 10 minutes. Les légumes doivent rester croquants.

4 › Hacher les cœurs de laitue.

5 › Dans un saladier, mélanger les carottes avec les haricots verts, les petits pois et les cœurs de laitue hachés. Saler et poivrer. Ajouter le fromage frais émietté, l'huile d'olive, les graines de cumin et la moitié de la ciboulette.

6 › Déposer 1 cuillerée à soupe de farce au fromage sur le bord d'une feuille de laitue. Replier les côtés sur la farce et rouler la feuille vers le haut. Procéder de la même manière pour les autres roulés. Les disposer au fur et à mesure dans le panier du cuit-vapeur. Placer quelques rondelles de citron dessus. Faire cuire pendant 8 minutes.

7 › Mélanger la crème fraîche avec la moutarde et le jus de citron. Saler et poivrer. Faire chauffer sur feu doux pendant quelques minutes.

8 › Décorer avec le reste de ciboulette. Napper de crème avant de servir.

› lentilles vertes au curry

lentilles vertes au curry

3 carottes / 500 g de lentilles vertes / 1 gros oignon piqué de 2 clous de girofle / 1 branche de thym / 2 brins de persil / 15 cl de bouillon de volaille / 1 cuil. à soupe de curry / 1 cuil. à café de purée de piment / 1 yaourt brassé / 2 cuil. à soupe de coriandre fraîche hachée / Sel, poivre.

**4 PERS. – PRÉP. : 20 MIN – CUIT-VAPEUR : 30 MIN
CUISS. : 5 MIN – AUTOCUISEUR : 17 MIN**

1 › Mettre 1 l d'eau à bouillir dans la partie basse du cuit-vapeur.
2 › Gratter les carottes et les couper en tronçons. Les placer dans le panier avec les lentilles, l'oignon, le thym et le persil. Couvrir et laisser cuire à la vapeur pendant 30 minutes.
3 › Prélever l'équivalent de 1 carotte et la passer au mixeur avec le bouillon de volaille jusqu'à obtention d'une purée lisse. Verser celle-ci dans une grande casserole, ajouter le curry et la purée de piment. Ajouter les lentilles et les carottes égouttées. Bien mélanger. Laisser chauffer sur feu doux pendant 5 minutes.
4 › Dans une petite casserole, faire tiédir le yaourt.
5 › Transférer la préparation aux lentilles dans un plat de service creux, verser le yaourt tiède et mélanger. Parsemer de coriandre hachée.
6 › Servir sans attendre.

Les lentilles vertes du Puy sont détournées ici pour servir un plat exotique riche en saveurs.

petits pois au yaourt

1,500 kg de petits pois / 6 échalotes / 40 g de beurre ramolli / 2 cuil. à soupe de yaourt brassé / 1 cuil. à café de cannelle en poudre / Sel, poivre du moulin.

**4 PERS. – PRÉP. : 20 MIN – CUIT-VAPEUR : 20 MIN
AUTOCUISEUR : 10 MIN**

1 › Écosser les petits pois. Éplucher et émincer les échalotes.
2 › Mettre 75 cl d'eau à bouillir dans la partie basse du cuit-vapeur.
3 › Dans le panier, mettre les petits pois avec les échalotes, couvrir et laisser cuire pendant 20 minutes.
4 › Verser les légumes dans un plat chaud. Ajouter le beurre, le yaourt et la cannelle en poudre. Mélanger délicatement. Saler et poivrer.

Une entrée à la saveur sucrée qui séduira toute la famille.

papillotes de pommes de terre aux truffes

4 belles pommes de terre à chair ferme / 4 grandes feuilles de chou vert / 4 truffes fraîches ou en conserve / 75 g de beurre / 1 cuil. à soupe de crème fraîche liquide / 2 cuil. à soupe de jus de truffes / Gros sel, poivre du moulin.

4 PERS. – PRÉP. : 30 MIN – CUIT-VAPEUR : 45 MIN
CUISS. : 8 MIN – AUTOCUISEUR : 20 MIN
REPOS : 3 H

1 › Mettre 75 cl d'eau à bouillir dans la partie basse du cuit-vapeur.

2 › Laver rapidement les pommes de terre et les mettre dans le panier. Les laisser cuire pendant environ 20 minutes, ou plus selon leur grosseur. Réserver.

3 › Laver les feuilles de chou, puis les passer 5 minutes à la vapeur. Retirer les grosses côtes. Réserver.

4 › Couper les truffes en lamelles en prenant soin de conserver les débris. Éplucher les pommes de terre. Les couper en rondelles moyennes, sans les séparer complètement. Dans chaque entaille, glisser une lamelle de truffe, quelques grains de sel et un peu de poivre. Envelopper chaque pomme de terre dans une feuille de chou, puis dans du film alimentaire.

5 › Hacher finement les débris de truffe. Couper le beurre en morceaux. Mélanger soigneusement ces deux ingrédients à la fourchette. Réserver au réfrigérateur avec les papillotes de pommes de terre pendant 3 heures.

6 › Mettre 75 cl d'eau à bouillir dans la partie basse du cuit-vapeur.

7 › Placer les papillotes dans le panier et les laisser cuire pendant 20 minutes.

8 › Dans une petite casserole, faire bouillir 1 cuillerée à soupe d'eau avec une pincée de sel, y verser la crème liquide, puis porter de nouveau à ébullition. Ajouter le beurre de truffe en fouettant énergiquement, puis verser le jus de truffe sans cesser de fouetter. Donner deux tours de moulin à poivre. Goûter et rectifier l'assaisonnement.

9 › Quand les pommes de terre sont cuites, les disposer dans les assiettes après avoir retiré le film des papillotes. Pratiquer une entaille sur les feuilles de chou et le dessus des pommes de terre afin d'y répartir la sauce.

10 › Servir aussitôt.

pommes de terre nouvelles et roquette

16 pommes de terre nouvelles / 10 feuilles de basilic / 2 cuil. à café de thym frais / 10 olives noires dénoyautées / Le jus de 1/2 citron / 1 cuil. à café d'origan séché / 6 cuil. à soupe d'huile d'olive / 4 crottins de chèvre / 200 g de roquette lavée et essorée / Sel, poivre du moulin.

4 PERS. – PRÉP. : 15 MIN – CUIT-VAPEUR : 25 MIN
AUTOCUISEUR : 10 MIN

1 › Mettre 75 cl d'eau à bouillir dans la partie basse du cuit-vapeur.
2 › Laver rapidement les pommes de terre et les mettre dans le panier. Les faire cuire à la vapeur pendant environ 20 minutes.
3 › Hacher finement les herbes avec les olives. Mettre ce hachis dans un bol. Ajouter le jus de citron, l'origan et 4 cuillerées à soupe d'huile. Saler et donner deux tours de moulin à poivre.
4 › Quand les pommes de terre sont cuites, les couper en quatre sans les éplucher et les disposer dans un plat de service. Les napper du mélange aux olives.
5 › Mettre les crottins dans une assiette supportant la chaleur, puis la placer dans le panier. Laisser cuire 5 minutes à la vapeur.
6 › Répartir la roquette sur 4 assiettes. Disposer les crottins chauds au centre de la salade, puis arroser avec le reste d'huile d'olive.
7 › Servir avec les pommes de terre tièdes.

QUELQUES ASTUCES

› Plutôt que blanchir les aliments à l'eau, les passer à la vapeur permet de préserver leur teneur en minéraux et en vitamines. Quatre à cinq minutes suffisent à les rendre plus digestes.
› Avec la cuisson à la vapeur, peler tomates et poivrons devient d'une simplicité enfantine. Une minute pour les unes, une dizaine pour les autres et le tour est joué !
› Afin de réhydrater des fruits secs, nul besoin de les plonger dans l'eau. Un court passage à la vapeur suffit pour regonfler les fruits.

crème de potiron

1,500 kg de potiron (ou potimarron) / 2 oignons jaunes / 2 poireaux / 1 cube de bouillon de volaille / Noix de muscade râpée / 4 cuil. à soupe de crème fraîche / Sel, poivre du moulin.

4 PERS. – PRÉP. : 15 MIN – CUIT-VAPEUR : 20 MIN
AUTOCUISEUR : 10 MIN

1 › Éplucher le potiron et couper la chair en petits morceaux. Peler les oignons et les couper en rondelles. Laver les poireaux et les émincer. Placer les légumes dans le panier.

2 › Mettre 75 cl d'eau à bouillir dans la partie basse du cuit-vapeur. Mettre le panier en place et faire cuire les légumes à la vapeur pendant environ 20 minutes.

3 › Faire chauffer 1 l d'eau agrémenté d'un cube de bouillon de volaille.

4 › Mixer les légumes avec le bouillon de volaille chaud et une pincée de noix de muscade. Saler et poivrer. Verser dans les assiettes et déposer 1 cuillerée à soupe de crème fraîche au centre de chacune.

5 › Servir aussitôt.

flans de potiron

1 kg de potiron / 3 œufs / 2 cuil. à soupe de crème fraîche / 2 cuil. à soupe de parmesan râpé / Noix de muscade râpée / 25 g de beurre / Sel, poivre du moulin.

6 PERS. – PRÉP. : 10 MIN – CUIT-VAPEUR : 35 MIN
AUTOCUISEUR : 15 MIN

1 › Couper le potiron en quatre et retirer l'écorce. Enlever les graines et les filaments, puis couper la chair en petits morceaux.

2 › Mettre 75 cl d'eau à bouillir dans la partie basse du cuit-vapeur. Placer les morceaux de potiron dans le panier. Laisser cuire à couvert pendant 20 minutes.

3 › Mixer le potiron avec les œufs, la crème fraîche et le parmesan jusqu'à ce que le mélange soit bien lisse. Ajouter une pointe de noix de muscade. Saler et poivrer.

4 › Beurrer 6 ramequins individuels supportant la chaleur et y verser la préparation. Les couvrir de film alimentaire et les disposer dans le panier du cuit-vapeur.

5 › Mettre 50 cl d'eau à bouillir dans la partie basse du cuit-vapeur. Faire cuire les flans pendant 15 minutes.

6 › Démouler les flans sur les assiettes.

Servir accompagné d'une sauce à la tomate.

crème de potiron

tomates farcies au fromage de chèvre

8 tomates moyennes / 100 g de fromage de chèvre frais / 1 œuf + 1 jaune / 50 g de parmesan fraîchement râpé / 1 cuil. à café d'origan séché / 1 cuil. à café de ciboulette finement ciselée / Une pincée de piment en poudre / 8 feuilles de basilic / Sel, poivre.

4 PERS. – PRÉP. : 15 MIN – CUIT-VAPEUR : 15 MIN

1 › Décalotter la partie supérieure des tomates. Réserver les chapeaux. Vider les tomates dans une passoire, les saler et les laisser s'égoutter. Mettre la pulpe égouttée dans un saladier. Ajouter le fromage frais, saler, poivrer et mélanger au fouet. Incorporer l'œuf, le jaune, le parmesan râpé, les herbes et le piment.

2 › Mettre 50 cl d'eau à bouillir dans la partie basse du cuit-vapeur.

3 › Essuyer l'intérieur des tomates. Les remplir de préparation, remettre les chapeaux en place et placer 1 feuille de basilic sur chacun. Disposer les tomates dans le panier. Faire cuire à la vapeur pendant 15 minutes.

4 › Servir chaud.

Cuites à la vapeur douce, les tomates cuites offrent un moelleux irrésistible. La vapeur pression ne convient pas à cette recette.

légumes frais à l'aïoli

2 poivrons rouges / 8 petites carottes / 1 botte d'asperges vertes / 4 pommes de terre nouvelles / 100 g de haricots verts / 2 œufs + 1 jaune / 2 gousses d'ail épluchées / 1 pomme de terre bouillie et réduite en purée / 12 cl d'huile d'olive / 2 brins de persil plat / Gros sel.

4 PERS. – PRÉP. : 20 MIN – CUIT-VAPEUR : 15 MIN
AUTOCUISEUR : 8 MIN

1 › Équeuter les poivrons, enlever les graines et les filaments. Détailler la chair en lanières assez larges. Gratter les carottes, les asperges et les pommes de terre. Équeuter les haricots. Placer tous ces légumes dans le panier.

2 › Mettre 50 cl d'eau à bouillir dans la partie basse du cuit-vapeur. Mettre le panier en place et laisser cuire pendant 15 minutes. Ajouter les œufs entiers 10 minutes avant la fin de la cuisson.

3 › Préparer l'aïoli : dans un mortier, piler l'ail avec une pincée de gros sel jusqu'à obtention d'une pâte. Mettre cette dernière dans le bol du mixeur avec le jaune d'œuf et la pomme de terre bouillie encore tiède. Mixer en incorporant l'huile en filet.

4 › Écaler les œufs et les couper en deux.

5 › Disposer les légumes, les œufs et la sauce sur un grand plat de service. Décorer de persil plat.

Ces légumes à la vapeur sont délicieux avec l'aïoli, mais on peut bien sûr multiplier les sauces à l'infini pour les déguster à l'apéro, en entrée ou en accompagnement.

boulgour aux petits oignons

250 g de boulgour / 2 petits oignons pelés et hachés / 2 cuil. à soupe d'huile d'olive / Sel.

4 PERS. – PRÉP. : 5 MIN – CUIT-VAPEUR : 20 MIN
AUTOCUISEUR : 10 MIN – TREMPAGE : 30 MIN

1 › Rincer le boulgour à l'eau froide. Le mettre dans un saladier, couvrir d'eau salée et laisser reposer pendant 30 minutes.

2 › Mettre 75 cl d'eau à bouillir dans la partie basse du cuit-vapeur.

3 › Égoutter le boulgour, le mettre dans le panier du cuit-vapeur avec les oignons hachés. Faire cuire à la vapeur pendant 20 minutes.

4 › Assaisonner d'huile avant de servir.

taboulé

200 g de boulgour / 3 tomates / 1 concombre / 2 carottes / 1 bouquet de menthe / 1 bouquet de persil / 1 bouquet de coriandre / 1 oignon blanc épluché et haché / Le jus de 2 citrons / 4 cuil. à soupe d'huile d'olive / Sel, poivre.

4 PERS. – PRÉP. : 25 MIN – CUIT-VAPEUR : 15 MIN
AUTOCUISEUR : 7 MIN
TREMPAGE : 30 MIN – REPOS : 3 H

1 › Rincer le boulgour à l'eau froide. Le mettre dans un saladier, couvrir d'eau et laisser reposer pendant 30 minutes.

2 › Mettre 50 cl d'eau à bouillir dans la partie basse du cuit-vapeur. Égoutter le boulgour puis le mettre dans le panier du cuit-vapeur. Laisser cuire pendant environ 15 minutes.

3 › Laver les tomates, les couper en deux et les épépiner puis les couper en petits dés. Laver le concombre et le couper en petits dés sans l'éplucher. Gratter les carottes et les râper. Hacher toutes les herbes puis les mélanger aux légumes. Ajouter l'oignon haché, le jus de citron et l'huile d'olive. Saler et poivrer.

4 › Détacher les graines du boulgour à la fourchette et le verser dans le saladier contenant la préparation. Bien mélanger. Fermer hermétiquement avec du film alimentaire et laisser reposer au réfrigérateur pendant 3 heures.

› boulgour aux petits oignons

couscous à la cannelle

500 g de semoule de blé / 100 g de raisins secs (facultatif) / 30 g de beurre demi-sel / Deux pincées de cannelle en poudre / Sel, poivre du moulin.

4-6 PERS. – PRÉP. : 10 MIN – CUIT-VAPEUR : 30 MIN
AUTOCUISEUR : 10 MIN

1 › Dans un grand saladier, mettre la semoule avec 1 verre d'eau froide et 1 cuillerée à café de sel. Bien malaxer le tout jusqu'à ce que l'eau ait été absorbée.
2 › Porter 75 cl d'eau à ébullition.
3 › Mettre la semoule dans le panier, couvrir et laisser cuire pendant 30 minutes. Ajouter les raisins secs 3 minutes avant la fin de la cuisson.
4 › Verser la semoule dans un plat de service chaud. Assaisonner de beurre, de cannelle et de poivre.
5 › Servir aussitôt.

Présenter le couscous en fontaine avec la viande et la garniture au milieu, accompagné d'une sauce pimentée.

riz complet vapeur

200 g de riz complet / Sel.

5 PERS. – PRÉP. : 15 MIN – CUIT-VAPEUR : 45 MIN
AUTOCUISEUR : 20 MIN

1 › Mettre 1,5 l d'eau à chauffer dans la partie basse du cuit-vapeur.
2 › Placer le riz dans le panier. Faire cuire à la vapeur pendant 45 minutes.
3 › Saler légèrement avant de servir.

LES FINES HERBES ET LES ÉPICES

› Afin de relever un plat cuit à la vapeur, l'emploi judicieux d'herbes aromatiques et d'épices est un gage de réussite. Les fines herbes communiquent leur parfum par simple contact. Dans la cuisson à la vapeur, on peut les mettre directement à cuire dans le panier avec les aliments. La vapeur cuisant à basse température, elles ne perdront rien en arôme et elles conserveront toutes leurs vertus. On peut aussi les inclure dans les ingrédients d'une marinade et, si celle-ci n'a pas été complètement absorbée, placer la préparation dans un plat dans le panier du cuit-vapeur ou bien en papillote. Certaines herbes entrent aussi dans la composition de mélanges destinés à farcir ou à envelopper les aliments.

› Les épices aromatisent aussi bien les plats salés que les desserts. Elles ont pour certaines un pouvoir colorant et permettent de donner une jolie teinte aux préparations.

raviolis de crevettes

600 g de crevettes roses décortiquées / 3 ciboules finement émincées / 1 cuil. à soupe de gingembre frais pelé et râpé / 1 cuil. à soupe de sauce de soja claire / 1 cuil. à café de sucre en poudre / 1 cuil. à soupe de fécule de maïs / 18 feuilles de pâte à wonton / Sel, poivre.

6 PERS. – PRÉP. : 20 MIN – CUIT-VAPEUR : 12 MIN
AUTOCUISEUR : 6 MIN

1 › Détailler les crevettes en petits dés.

2 › Dans un saladier, mélanger les dés de crevettes avec les ciboules, le gingembre, la sauce de soja, le sucre et la fécule de maïs.

3 › Découper des disques de 5 cm de diamètre dans les feuilles de pâte à wonton.

4 › Répartir la préparation aux crevettes au centre de la moitié des disques de pâte. Humecter les bords et couvrir du reste des disques. Pincer les bords des raviolis afin de bien les souder.

5 › Mettre 50 cl d'eau à bouillir dans la partie basse du cuit-vapeur.

6 › Placer les raviolis dans une assiette supportant la chaleur et la mettre dans le panier du cuit-vapeur. Faire cuire pendant environ 12 minutes.

7 › Servir aussitôt.

Servir avec une sauce aigre-douce.

huîtres chaudes à la crème

2 douzaines d'huîtres / 4 échalotes épluchées et émincées / 12 cl de vinaigre de vin rouge / 10 cl de crème fraîche épaisse / 4 brins de persil plat / Poivre.

4 PERS. – PRÉP. : 15 MIN – CUIT-VAPEUR : 20 MIN
CUISS. : 10 MIN – AUTOCUISEUR : 5 MIN

1 › Nettoyer et gratter les huîtres.

2 › Dans une petite casserole, faire cuire les échalotes avec le vinaigre jusqu'à ce qu'il n'y ait plus de liquide. Ajouter la crème fraîche, bien remuer et porter à ébullition. Retirer du feu. Réserver.

3 › Mettre 50 cl d'eau à bouillir dans la partie basse du cuit-vapeur.

4 › Placer les huîtres dans le panier du cuit-vapeur (cuire en deux fois ou dans deux paniers superposés). Fermer et faire cuire pendant environ 5 minutes, jusqu'à ce que les huîtres s'entrouvrent.

5 › Sortir les huîtres du cuit-vapeur. Pour chacune, enlever l'écaille du dessus et verser un peu de sauce à la crème. Décorer de quelques brins de persil et servir.

Surveiller attentivement la cuisson, car elle dépend de la variété et de la fraîcheur des huîtres. Servir avec des toasts de pain de seigle.

moules au basilic

1,200 kg de moules / 6 petites pommes de terre nouvelles / 8 petites tomates / 1 bouquet de basilic / 2 gousses d'ail non épluchées et écrasées / 2 échalotes épluchées et coupées en deux / 2 brins de persil / 4 cuil. à soupe d'huile d'olive / Sel, poivre du moulin.

4 PERS. – PRÉP. : 20 MIN – CUIT-VAPEUR : 10 MIN
AUTOCUISEUR : 3 MIN

1 › Nettoyer et laver soigneusement les moules.

2 › Gratter les pommes de terre puis les couper en rondelles fines sans les éplucher. Laver les tomates et les inciser en croix.

3 › Étaler les rondelles de pommes de terre dans deux paniers du cuit-vapeur. Saler légèrement. Répartir les moules dessus et ajouter 4 tomates par panier. Parsemer le contenu de chaque panier de la moitié des feuilles de basilic.

4 › Mettre 50 cl d'eau à bouillir dans la partie basse de la marmite. Ajouter les gousses d'ail, l'échalote et le persil. Mettre les paniers en place et faire cuire pendant environ 10 minutes, jusqu'à ce que les moules s'ouvrent.

5 › Retirer les paniers du cuit-vapeur. Faire réduire l'eau de moitié. Ajouter le reste de basilic haché et l'huile d'olive. Donner quelques tours de moulin à poivre.

6 › Servir les moules avec le jus de cuisson parfumé.

Cette recette ne convient pas à un cuit-vapeur électrique.

papillotes de bar aux légumes

1 poireau / 1 bulbe de fenouil / 1 petite courgette / 3 carottes pelées / 1 échalote pelée et hachée / 4 cuil. à soupe d'huile d'olive / 4 pavés de bar / Le jus de 1 citron / 1 cuil. à soupe d'estragon haché / Sel, poivre.

4 PERS. – PRÉP. : 20 MIN – CUIT-VAPEUR : 20 MIN
CUISS. : 5 MIN – AUTOCUISEUR : 10 MIN

1 › Éliminer la base et les feuilles vertes du poireau. Laver soigneusement le blanc. Retirer les parties abîmées du fenouil et couper le bulbe en quatre. Laver la courgette. Tailler tous les légumes en fins filaments.

2 › Faire chauffer 1 cuillerée à soupe d'huile dans une poêle et y faire cuire les légumes à feu doux pendant 5 minutes. Réserver.

3 › Disposer les pavés de poisson au centre de 4 feuilles de papier sulfurisé. Répartir la julienne de légumes, arroser de jus de citron et d'un filet d'huile d'olive. Saler et poivrer. Parsemer d'estragon haché. Refermer les papillotes en repliant plusieurs fois les bords puis disposer celles-ci dans le panier.

4 › Mettre 75 cl d'eau à bouillir dans la partie basse du cuit-vapeur. Faire cuire les papillotes à la vapeur pendant 20 minutes.

5 › Servir les papillotes fermées dans les assiettes.

papillotes de cabillaud à la tapenade

2 poivrons verts / 800 g de filets de cabillaud / 3 cuil. à soupe de tapenade d'olives noires / 2 cuil. à soupe d'huile d'olive / Sel, poivre du moulin.

4 PERS. – PRÉP. : 20 MIN – CUIT-VAPEUR : 25 MIN
AUTOCUISEUR : 12 MIN

1 › Mettre 50 cl d'eau à bouillir dans la partie basse du cuit-vapeur.

2 › Placer les poivrons dans le panier du cuit-vapeur. Les faire cuire environ 10 minutes. Les laisser tiédir, puis les peler et les couper en quatre. Retirer les graines et les filaments blancs. Passer la chair au mixeur pour obtenir une purée bien lisse.

3 › Laver les filets de cabillaud et les sécher.

4 › Huiler légèrement le milieu de 4 feuilles de papier sulfurisé. Sur chacune, étaler le quart de la purée de poivron vert et répartir les filets de cabillaud. Enduire ces derniers de tapenade noire. Arroser chaque filet de quelques gouttes d'huile d'olive. Saler et poivrer.

5 › Mettre 50 cl d'eau à bouillir dans la partie basse du cuit-vapeur.

6 › Fermer les papillotes en repliant plusieurs fois les bords, puis les disposer dans le panier du cuit-vapeur. Faire cuire pendant environ 15 minutes.

7 › Servir sans attendre.

Un simple riz basmati accompagnera à merveille ces filets de poisson très parfumés.

› papillotes de cabillaud à la tapenade p. 55

daurade à la chinoise

1 daurade de 1 kg environ / 1 cuil. à soupe de gingembre frais râpé / 3 lamelles de gingembre frais / 3 cuil. à soupe de ciboule émincée / 1 cuil. à soupe de xérès sec / 2 cuil. à soupe de sauce de soja claire / 1 cuil. à soupe d'huile d'arachide / 2 cuil. à café d'huile de sésame / 2 gousses d'ail épluchées et émincées / Sel, poivre du moulin.

4 PERS. – PRÉP. : 10 MIN – CUIT-VAPEUR : 17 MIN
REPOS : 30 MIN

1 › Écailler et vider la daurade. La laver, la sécher avec du papier absorbant et, avec un couteau, pratiquer des entailles en croisillons sur son dos. Frotter l'extérieur de sel des deux côtés. Assaisonner l'intérieur avec le gingembre râpé et le poivre. Disposer le poisson dans un plat supportant la chaleur, puis le placer dans le panier du cuit-vapeur. Laisser reposer au frais pendant 30 minutes.

2 › Mettre 50 cl d'eau à bouillir dans la partie basse du cuit-vapeur.

3 › Détailler le gingembre en bâtonnets et en recouvrir toute la surface du poisson. Mettre le panier du cuit-vapeur en place et laisser cuire environ 12 minutes à couvert.

4 › Sortir le plat du cuit-vapeur, garnir le poisson de ciboule et arroser de xérès mélangé à la sauce de soja.

5 › Dans une petite casserole, faire chauffer les huiles avec l'ail jusqu'à ce que ce dernier soit bien doré. Verser en filet sur le poisson.

6 › Servir aussitôt.

La méthode asiatique de cuisson du poisson à la vapeur permet de le parfumer idéalement. En effet, glisser un plat dans le panier de cuisson offre l'avantage de pouvoir recueillir le jus du poisson et d'ajouter des herbes ou différentes sauces.

loup au fenouil

1 loup de 1 kg (faire lever des filets par le poissonnier) / 3 beaux bulbes de fenouil / 2 tomates olive / 1 cuil. à café rase de graines de fenouil / Le zeste de 1 citron non traité / 1 citron coupé en rondelles / Sel, poivre.

4 PERS. – PRÉP. : 15 MIN – CUIT-VAPEUR : 16 MIN
REPOS : 30 MIN – AUTOCUISEUR : 8 MIN

1 › Saler les filets de poisson. Les laisser reposer au frais pendant 30 minutes.

2 › Mettre 50 cl d'eau à bouillir dans la partie basse du cuit-vapeur.

3 › Retirer les tiges des fenouils, puis les laver à l'eau courante et les émincer finement.

4 › Inciser la peau des tomates et les placer dans le panier du cuit-vapeur.

5 › Faire cuire à la vapeur pendant 1 minute. Monder les tomates, retirer la pulpe et tailler en julienne. Réserver.

6 › Disposer le fenouil dans le panier, placer les filets de poisson dessus et parsemer de graines de fenouil. Saler et poivrer. Ajouter le zeste de citron et les tomates. Faire cuire à la vapeur pendant environ 15 minutes.

7 › Servir avec quelques rondelles de citron.

mulet au gingembre

1 mulet de 1 kg / 3 cm de gingembre frais, épluché et émincé / 10 cl de sauce de soja claire / 1 cuil. à soupe d'huile de sésame / 2 cuil. à soupe de ciboule finement hachée / Gros sel, poivre blanc.

4 PERS. – PRÉP. : 10 MIN – CUIT-VAPEUR : 15 MIN
REPOS : 30 MIN

1 › Bien rincer le mulet. Retirer la pellicule noire qui tapisse les parois du ventre. Ôter les traces de sang le long de l'arête centrale. Sécher le poisson en le tamponnant avec du papier absorbant, puis le frotter de gros sel. Laisser reposer au frais pendant 30 minutes.

2 › Mettre 50 cl d'eau à bouillir dans la partie basse du cuit-vapeur.

3 › Couper le poisson en tronçons et placer ces derniers dans une assiette supportant la chaleur. Parsemer de gingembre. Arroser de sauce de soja et d'huile de sésame. Poivrer. Mettre l'assiette dans le panier du cuit-vapeur. Faire cuire à couvert pendant environ 15 minutes.

4 › Garnir le poisson de ciboule avant de servir.

En Asie, le plat est déposé dans un panier en bambou placé au-dessus de l'eau bouillante. On peut parfaitement adapter cette technique au cuit-vapeur ou à la marguerite.

› ailes de raie aux câpres

ailes de raie aux câpres

2 ailes de raie / 2 cuil. à soupe de vinaigre / 2 yaourts brassés / 1 cuil. à soupe de moutarde / 1 cuil. à soupe de vinaigre de vin blanc / Le jus de 1/2 citron / 1 cuil. à soupe d'huile de pépins de raisin / 3 cuil. à soupe de câpres / 100 g de roquette lavée et essorée / 1 cuil. à soupe de persil plat haché / Sel, poivre du moulin.

4 PERS. – PRÉP. : 20 MIN – CUIT-VAPEUR : 20 MIN
AUTOCUISEUR : 12 MIN

1 › Plonger les ailes de raie dans un mélange de vinaigre et d'eau froide. Les égoutter et les éponger.

2 › Mettre 75 cl d'eau à bouillir dans la partie basse du cuit-vapeur.

3 › Saler légèrement le poisson et le faire cuire à la vapeur pendant environ 20 minutes, jusqu'à ce que la chair se détache du cartilage.

4 › Mixer les yaourts avec la moutarde, le vinaigre, le jus de citron, l'huile et 2 cuillerées à soupe de câpres. Saler et poivrer.

5 › Répartir la roquette dans les assiettes.

6 › Peler le poisson, retirer le cartilage et disposer les morceaux sur la salade. Napper de sauce. Décorer avec le reste des câpres et parsemer de persil.

7 › Servir tiède.

rougets en papillotes

1 orange non traitée / 1 citron non traité / 4 cuil. à soupe d'huile d'olive / 8 petits rougets (vidés par le poissonnier) / 1 cuil. à soupe de gingembre frais râpé / 4 feuilles de menthe hachées / Sel, poivre du moulin.

4 PERS. – PRÉP. : 15 MIN – CUIT-VAPEUR : 12 MIN
AUTOCUISEUR : 6 MIN

1 › Laver l'orange et le citron. Les essuyer et prélever leurs zestes. Presser les fruits et réserver leur jus. Hacher la pulpe.

2 › Mélanger l'huile avec les jus de fruits et la pulpe. Saler et poivrer. Badigeonner l'intérieur et l'extérieur des poissons avec ce mélange.

3 › Mettre 50 cl d'eau à bouillir dans la partie basse du cuit-vapeur.

4 › Préparer 4 carrés de papier sulfurisé. Déposer 2 rougets au centre de chaque feuille. Les parsemer de gingembre et de menthe. Fermer les papillotes en repliant plusieurs fois les bords, puis les disposer dans le panier du cuit-vapeur. Faire cuire pendant environ 12 minutes.

5 › Servir les papillotes dans les assiettes.

saumon à la crème de céleri aux tagliatelles de légumes

Saumon à la crème de céleri : 150 g de céleri-rave épluché / 2 gousses d'ail / 1 petit oignon pelé / 4 cuil. à soupe de vin blanc / 10 g de lait en poudre / Le jus de 1/2 citron / 4 pavés de saumon / Sel.
Tagliatelles de légumes : 3 carottes / 1/2 boule de céleri-rave / 4 petites courgettes / 6 cuil. à soupe d'huile d'olive / 2 cuil. à soupe d'un mélange de persil plat haché, d'estragon haché et de sauge hachée / 1 échalote pelée et hachée / Sel, poivre du moulin.

••• ››› 4 PERS. – PRÉP. : 30 MIN – CUIT-VAPEUR : 15 MIN
CUISS. : 15 MIN – AUTOCUISEUR : 11 MIN

1 › Préparer la crème de céleri : couper finement le céleri, l'ail et l'oignon, puis les mettre dans une casserole avec le vin blanc et 75 cl d'eau. Porter à ébullition, couvrir et faire cuire à feu moyen pendant 15 minutes. Verser dans le bol du mixeur, ajouter le lait en poudre et le jus de citron. Mixer. Passer la sauce au travers d'une passoire fine. Saler. Maintenir au chaud.
2 › Mettre 50 cl d'eau à bouillir dans la partie basse du cuit-vapeur.
3 › Laver et essuyer les pavés de saumon. Les faire cuire à la vapeur pendant environ 5 minutes. Le saumon doit être presque cru à cœur. Réserver au chaud.
4 › Préparer les tagliatelles de légumes : éplucher les carottes et le céleri.
5 › Laver rapidement les courgettes sans les éplucher, couper les extrémités.
6 › À l'aide d'un économe ou d'une mandoline, faire des tagliatelles de légume en prélevant de fines lamelles de carotte, de céleri et de courgette dans le sens de la longueur.
7 › Mettre 50 cl d'eau à bouillir dans la partie basse du cuit-vapeur. Placer les tagliatelles de légumes dans le panier. Les faire cuire à la vapeur pendant environ 10 minutes. Ils doivent rester croquants.
8 › Pendant ce temps, mélanger l'huile avec les herbes et l'échalote hachées. Saler et poivrer.
9 › Répartir les légumes dans les assiettes. Les napper d'huile aux herbes. Déposer le saumon. Napper de crème de céleri avant de servir.

filets de sole sur lit de poireaux

2 poireaux moyens / 1 citron non traité / 15 cl de crème fraîche épaisse / 3 cuil. à soupe de tarama / 4 brins d'aneth ciselés + 4 brins pour décorer / 8 filets de sole / Sel, poivre.

4 PERS. – PRÉP. : 15 MIN – CUIT-VAPEUR : 15 MIN
AUTOCUISEUR : 7 MIN

1 › Laver plusieurs fois les poireaux sous le robinet, puis les couper en fines lanières.

2 › Laver le citron et prélever le zeste. Le plonger 2 minutes dans de l'eau bouillante, le rafraîchir à l'eau froide et le tailler en fins bâtonnets.

3 › Dans un bol, mélanger la crème fraîche avec le tarama. Ajouter l'aneth et les zestes de citron. Saler et poivrer. Réserver au frais.

4 › Rouler les filets de sole sur eux-mêmes et les maintenir en place avec de petites piques en bois.

5 › Mettre 50 cl d'eau à bouillir dans la partie basse du cuit-vapeur.

6 › Dans le panier vapeur, faire un lit avec les rondelles de poireau et placer les rouleaux de poisson dessus. Faire cuire à la vapeur pendant environ 15 minutes.

7 › Au terme de la cuisson des aliments, les disposer sur des assiettes chaudes. Parsemer de brins d'aneth. Tenir la sauce à disposition dans de petits bols individuels.

œufs cocotte à la crème

30 g de beurre / 4 cuil. à soupe de crème fraîche / 4 œufs / Sel, poivre.

4 PERS. – PRÉP. : 5 MIN – CUIT-VAPEUR : 10 MIN
AUTOCUISEUR : 4 MIN

1 › Beurrer 4 ramequins puis y répartir 2 cuillerées à café de crème fraîche.

2 › Mettre 50 cl d'eau à bouillir dans la partie basse du cuit-vapeur.

3 › Casser 1 œuf dans chaque ramequin. Saler et poivrer. Verser le reste de crème. Couvrir les ramequins de papier sulfurisé et les placer dans le panier. Faire cuire à la vapeur pendant 10 minutes.

On peut à loisir enrichir ces œufs cocotte avec par exemple 100 g de saumon, de jambon ou d'herbes fraîches ciselées.

papillotes de lapin aux girolles

125 g de girolles / 4 cuisses de lapin / 2 échalotes épluchées et hachées / 4 brins de romarin / 3 cuil. à soupe d'huile d'olive / Sel, poivre.

4 PERS. – PRÉP. : 10 MIN – CUIT-VAPEUR : 50 MIN
AUTOCUISEUR : 30 MIN

1 › Brosser les girolles et couper les plus grosses en deux.
2 › Découper 4 feuilles de papier sulfurisé. Sur chacune, déposer 1 cuisse de lapin assaisonnée. Répartir les échalotes et les girolles. Parsemer de romarin effeuillé. Arroser d'un filet d'huile d'olive. Fermer les papillotes en repliant plusieurs fois les bords.
3 › Mettre 2 l d'eau à bouillir dans la partie basse du cuit-vapeur. Placer les papillotes dans le panier et faire cuire à la vapeur pendant 50 minutes.
4 › Servir les papillotes dans les assiettes.

papillotes de poulet à la chinoise

4 cuil. à soupe de sauce d'huîtres / 4 cuil. à soupe de sauce hoisin / 4 belles feuilles de bananier / 4 blancs de poulet / 4 fines lamelles de gingembre frais / 1 cuil. à soupe de ciboule finement hachée / 1 cuil. à café d'ail finement haché / Sel, poivre.

4 PERS. – PRÉP. : 15 MIN – CUIT-VAPEUR : 20 MIN AUTOCUISEUR : 9 MIN

1 › Dans un bol, mélanger les deux sauces.

2 › Laver et essuyer les feuilles de bananier, puis y découper des carrés d'environ 20 cm de côté.

3 › Passer les blancs de poulet dans le bol de sauce, puis les répartir sur les feuilles de bananier. Placer 1 lamelle de gingembre sur chacun. Les parsemer de ciboule et d'ail haché. Assaisonner.

4 › Rabattre les côtés de chaque feuille de bananier sur la viande de manière à former de petits paquets. Tenir en place en ficelant avec du raphia.

5 › Mettre 50 cl d'eau à bouillir dans la partie basse du cuit-vapeur. Disposer les papillotes dans le panier et faire cuire pendant environ 20 minutes.

6 › Servir les papillotes à même les assiettes.

La sauce d'huîtres est une sauce brune assez épaisse à base d'extraits d'huître cuits dans la sauce de soja et la saumure. La sauce hoisin est également une sauce épaisse, d'une couleur brun rougeâtre, à base de sauce de soja, de vinaigre et d'épices. On trouve ces deux sauces dans les épiceries chinoises et dans quelques grandes surfaces.

poulet au curry

2 cuil. à soupe d'huile d'olive / 2 cuil. à soupe de curry en poudre / 1 poulet coupé en morceaux, sans peau / Le jus de 1 citron vert / 4 oignons épluchés et émincés / 50 g de raisins secs / 1 yaourt / 1 cuil. à café de fécule de maïs / Sel, poivre du moulin.

4 PERS. – PRÉP. : 15 MIN – CUISS. : 5 MIN
CUIT-VAPEUR : 30 MIN
AUTOCUISEUR : 18 MIN – REPOS : 30 MIN

1 › Mélanger l'huile d'olive et 1 cuillerée à soupe de curry. Saler et poivrer les morceaux de poulet, puis les enduire d'huile au curry. Arroser de jus de citron. Laisser reposer au frais pendant 30 minutes.

2 › Mettre 1 l d'eau à bouillir dans la partie basse du cuit-vapeur.

3 › Dans le fond du panier, étaler la moitié des oignons émincés. Disposer les morceaux de poulet par-dessus, parsemer de raisins secs et couvrir avec le reste d'oignons. Faire cuire à la vapeur pendant environ 30 minutes.

4 › Mélanger le yaourt avec la fécule de maïs et le reste de curry. Mettre le mélange dans une petite casserole, ajouter 2 cuillerées à soupe de jus de cuisson. Faire chauffer sur feu doux jusqu'à épaississement. Saler et poivrer.

5 › Servir le poulet avec la sauce au curry.

poulet aux fines herbes

2 carottes / 1 poireau / 1 branche de céleri / 1 oignon pelé, piqué de 2 clous de girofle / 1 bouquet garni / 5 grains de poivre noir / 2 tranches de mie de pain / 10 cl de lait / 1 œuf / 4 cuil. à soupe de parmesan râpé / 100 g de ricotta / 3 cuil. à soupe d'un mélange d'herbes fraîches hachées (persil, estragon, basilic) / 1 poulet (environ 1,200 kg) / Sel, poivre.

6 PERS. – PRÉP. : 30 MIN – CUIT-VAPEUR INOX OU COUSCOUSSIER : 1 H – CUISS. : 20 MIN

1 › Laver les légumes. Éplucher les carottes et les couper en grosses rondelles. Couper le poireau en gros morceaux. Débiter le céleri en tronçons. Mettre ces légumes dans la partie inférieure de la marmite ou du couscoussier, avec l'oignon, le bouquet garni et les grains de poivre. Ajouter 3 l d'eau. Porter à ébullition et laisser cuire à feu moyen pendant 20 minutes.

2 › Pendant ce temps, mouiller la mie de pain avec le lait, puis la mélanger avec l'œuf, le parmesan, la ricotta et les fines herbes. Saler et poivrer. Saler et poivrer l'intérieur et l'extérieur du poulet, puis le remplir de farce. Fermer l'ouverture avec de la ficelle de cuisine.

3 › Placer le poulet dans le panier, au-dessus du bouillon de légumes. Couvrir et laisser cuire pendant 1 heure.

4 › Découper le poulet en morceaux, couper la farce en tranches et servir dans des assiettes creuses avec les légumes et une louche de bouillon.

Cette recette ne convient pas à un cuit-vapeur électrique.

› poulet aux fines herbes p. 73

filet de bœuf aux épices

2 carottes / 1 poireau / 1 branche de céleri / 2 échalotes / 100 g de chou-fleur / 100 g de brocoli / 1 oignon épluché, piqué de 3 clous de girofle / 800 g de filet de bœuf / 15 cl de crème fraîche / 1 cuil. à café de cannelle / Le jus de 1/2 citron / 2 cuil. à soupe de cerfeuil haché / Sel, poivre du moulin.

4 PERS. – PRÉP. : 10 MIN – CUIT-VAPEUR : 25 MIN
CUISS. : 30 MIN

1 › Laver les légumes. Éplucher les carottes et les couper en grosses rondelles. Couper le poireau en gros morceaux. Débiter le céleri en tronçons. Éplucher et émincer les échalotes. Laver les bouquets de chou-fleur et de brocoli. Mettre ces légumes avec l'oignon piqué de clous de girofle dans la partie inférieure de la marmite du cuit-vapeur. Ajouter 2 l d'eau. Porter à ébullition et laisser cuire à feu moyen pendant 20 minutes.
2 › Ficeler le filet en rôti.
3 › À l'aide d'une écumoire, retirer les légumes du bouillon et les réserver.
4 › Placer la viande dans le panier du cuit-vapeur. Couvrir et laisser cuire pendant 25 minutes.
5 › Pendant ce temps, préparer la sauce. Dans une casserole, mélanger 1 louche du bouillon avec la crème fraîche et la cannelle. Laisser épaissir sur feu moyen en remuant pendant 10 minutes. Ajouter le jus de citron et le cerfeuil. Saler et poivrer.
6 › Retirer la ficelle du rôti, le couper en tranches et disposer celles-ci dans les assiettes. Donner quelques tours de moulin à poivre. Réchauffer les légumes à la vapeur avant de les servir nappés de sauce.

Cette recette ne convient pas à un cuit-vapeur électrique.

boulettes de bœuf à la coriandre

350 g de bœuf haché / 2 blancs d'œufs / 1 cuil. à café de fécule de maïs / 1 cuil. à soupe de sucre en poudre / 1 cuil. à soupe de sauce de soja claire / 1 cuil. à soupe d'huile de sésame / 3 cuil. à soupe de ciboule finement hachée / 1 bouquet de coriandre fraîche hachée / Sel, poivre noir du moulin.

4 PERS. – PRÉP. : 10 MIN – CUIT-VAPEUR : 15 MIN
AUTOCUISEUR : 7 MIN

1 › Mixer la viande de bœuf quelques secondes avant d'ajouter les blancs d'œufs petit à petit et 5 cuillerées à soupe d'eau glacée. Ajouter la fécule de maïs, le sucre, la sauce de soja, l'huile de sésame, la ciboule et la coriandre. Saler et donner quelques tours de moulin à poivre. Mixer une nouvelle fois afin d'obtenir une pâte bien homogène.

2 › Façonner 16 boulettes avec cette préparation. Les disposer au fur et à mesure dans le panier du cuit-vapeur.

3 › Mettre 50 cl d'eau à bouillir dans la partie basse du cuit-vapeur. Faire cuire les boulettes à la vapeur pendant environ 15 minutes.

4 › Servir sans attendre.

boulettes de veau en papillotes

1 courgette / 1 pomme de terre épluchée / 1 oignon pelé / 2 cuil. à soupe d'huile d'olive / 1 gousse d'ail pelée et écrasée / 100 g de chanterelles coupées en morceaux / 350 g de veau haché / 1 œuf battu / Sel, poivre.

6 PERS. – PRÉP. : 20 MIN – CUIT-VAPEUR : 25 MIN
CUISS. : 5 MIN – AUTOCUISEUR : 13 MIN

1 › Laver la courgette et retirer les extrémités. La couper en rondelles, ainsi que la pomme de terre et l'oignon.

2 › Mettre 50 cl d'eau à bouillir dans la partie basse du cuit-vapeur. Mettre les légumes dans le panier et les faire cuire à la vapeur pendant 10 minutes.

3 › Hacher les légumes.

4 › Dans une poêle, faire chauffer l'huile et y faire dorer la gousse d'ail. Ajouter les chanterelles et les légumes hachés. Faire revenir le tout pendant 5 minutes. Saler et poivrer.

5 › Dans un saladier, mélanger la viande hachée avec l'œuf et le hachis de légumes. Façonner 24 boulettes avec cette préparation. Les déposer au fur et à mesure au centre de carrés de papier sulfurisé. Replier soigneusement en papillotes.

6 › Disposer les papillotes dans le panier. Faire cuire à la vapeur pendant 15 minutes.

7 › Servir en papillotes.

On pourra déguster ces boulettes avec un chutney et du riz vapeur (p. 48).

aumônières au porc et aux crevettes

100 g de châtaignes d'eau en conserve, rincées et hachées / 350 g de viande de porc hachée / 100 g de crevettes crues décortiquées et hachées / 2 cuil. à soupe de jambon de Parme haché / 2 cuil. à soupe de sauce de soja claire / 1 cuil. à soupe de vin de riz / 1 cuil. à soupe de gingembre frais râpé / 3 cuil. à soupe de ciboule hachée / 1 cuil. à soupe d'huile de sésame / 1 blanc d'œuf battu / 1 cuil. à soupe de sucre en poudre / 40 carrés de pâte à wonton / Sel, poivre.

4-6 PERS. – PRÉP. : 45 MIN – CUIT-VAPEUR : 20 MIN
AUTOCUISEUR : 8 MIN

1 › Mélanger tous les ingrédients de la farce. Saler et poivrer.

2 › Disposer les carrés de pâte sur le plan de travail. Déposer un peu de farce au centre de chaque carré, relever les bords en les pressant contre la garniture et tasser en tapotant l'aumônière sur le plan de travail. La farce doit rester apparente.

3 › Mettre 75 cl d'eau dans le cuit-vapeur. Disposer les aumônières dans deux paniers. Mettre ceux-ci en place, couvrir et laisser cuire pendant 20 minutes. Procéder en plusieurs fois si nécessaire. Garder les aumônières au chaud en les plaçant dans le four tiède, recouvertes d'un papier d'aluminium.

4 › Servir chaud.

boulettes de porc aux herbes

400 g de viande de porc hachée / 2 blancs d'œufs / 1 cuil. à café de fécule de maïs / 1 cuil. à soupe de sauce de soja claire / 1 cuil. à soupe de coriandre fraîche hachée / 1 cuil. à soupe de cerfeuil finement haché / Poivre du moulin.

5 PERS. – PRÉP. : 15 MIN – CUIT-VAPEUR : 15 MIN
AUTOCUISEUR : 7 MIN

1 › Mixer la viande de porc quelques secondes avant d'ajouter les blancs d'œufs petit à petit et 2 cuillerées à soupe d'eau glacée.
2 › Verser le mélange dans un saladier, puis incorporer la fécule de maïs, la sauce de soja et les herbes fraîches. Donner un ou deux tours de moulin à poivre. Bien mélanger. Façonner 20 boulettes avec cette préparation. Les disposer au fur et à mesure dans le panier du cuit-vapeur.
3 › Mettre 50 cl d'eau à bouillir dans la partie basse du cuit-vapeur. Faire cuire les boulettes à la vapeur pendant environ 15 minutes.
4 › Servir sans attendre.

agneau au cumin

1 gigot d'agneau (1 kg) / 2 cuil. à soupe de cumin en poudre / 6 pommes de terre / Sel, poivre du moulin.

4 PERS. – PRÉP. : 15 MIN – CUIT-VAPEUR : 1 H 30 MIN
AUTOCUISEUR : 30 MIN

1 › Couper la viande en gros dés. La saler, la poivrer et l'enduire de cumin en faisant bien pénétrer l'assaisonnement avec les doigts. La placer dans le panier du cuit-vapeur.
2 › Éplucher les pommes de terre et les couper en quatre. Les disposer sur les morceaux de viande dans le panier.
3 › Mettre 2 l d'eau à bouillir dans la partie basse du cuit-vapeur. Mettre le panier en place et faire cuire pendant 1 heure 30 minutes, en ajoutant de l'eau si nécessaire.
4 › Servir sans attendre.

› boulettes de porc aux herbes

compote d'abricots secs

300 g d'abricots secs / 80 g de sucre en poudre / 1 cuil. à café de thé noir / 2 cuil. à soupe de miel / 2 cuil. à soupe de pistaches mondées, non salées et concassées.

4 PERS. – PRÉP. : 10 MIN – CUIT-VAPEUR : 30 MIN
AUTOCUISEUR : 12 MIN

1 › Mettre les abricots secs et le sucre en poudre dans un récipient supportant la chaleur.
2 › Mettre 1,5 l d'eau à bouillir dans la partie basse du cuit-vapeur. Verser une tasse de thé bouillant sur les abricots. Placer le récipient dans le cuit-vapeur. Faire cuire pendant 30 minutes.
3 › Mixer les abricots avec le miel. Laisser refroidir avant de répartir la compote. Parsemer de pistaches.

Les fruits secs préparés à la vapeur sont très digestes et bourrés de minéraux. On peut aussi préparer des compotes de pruneaux, de figues ou de dattes.

flans à la mangue

1 grosse mangue / 4 cuil. à soupe de cassonade / 4 œufs / 20 cl de lait.

4 PERS. – PRÉP. : 15 MIN – CUIT-VAPEUR : 25 MIN
AUTOCUISEUR : 14 MIN

1 › Couper la mangue en deux, ôter le noyau et couper la chair en morceaux. Mixer celle-ci avec 1 cuillerée à soupe de cassonade.
2 › Dans un saladier, fouetter les œufs avec le reste de cassonade, puis ajouter le lait. Réserver 4 cuillerées à soupe de purée de mangue et mélanger le reste avec le mélange aux œufs.
3 › Humecter 6 ramequins et y verser la préparation. Couvrir de film alimentaire.
4 › Mettre 75 cl d'eau à bouillir dans la partie basse d'un cuit-vapeur. Disposer les ramequins dans le panier. Faire cuire pendant environ 25 minutes.
5 › Laisser tiédir les flans. Servir avec un peu de purée de mangue fraîche sur le dessus.

crèmes brûlées à la carotte

1 kg de carottes (ou 30 cl de jus de carotte) / 15 cl de jus d'orange / 3 œufs / 30 g de sucre en poudre / 10 cl de crème fraîche liquide / 2 cuil. à soupe d'huile d'olive / 2 cuil. à soupe de cassonade.

4 PERS. – PRÉP. : 20 MIN – CUIT-VAPEUR : 40 MIN
AUTOCUISEUR : 20 MIN

1 › Éplucher les carottes et les passer à la centrifugeuse. Recueillir 30 cl de jus et le mélanger avec le jus d'orange.

2 › Dans un saladier, casser les œufs. Incorporer le sucre en fouettant jusqu'à ce que le mélange blanchisse. Ajouter la crème et le mélange de jus sans cesser de fouetter.

3 › Répartir la préparation dans 4 ramequins huilés. Couvrir ceux-ci de film alimentaire et les disposer dans le panier.

4 › Mettre 1,5 l d'eau à bouillir dans la partie basse du cuit-vapeur. Mettre le panier en place, couvrir et faire cuire pendant 40 minutes.

5 › Sortir les ramequins du panier, les laisser refroidir et les mettre au réfrigérateur jusqu'au moment de servir.

6 › Au dernier moment, retirer le film alimentaire et saupoudrer la surface de chaque crème avec la cassonade. Faire rapidement colorer les crèmes sous le gril du four bien chaud.

7 › Servir aussitôt.

› crêmes brûlées à la carotte p. 85

crèmes catalanes

1 œuf + 3 jaunes / 60 g de sucre en poudre / 40 cl de crème fraîche liquide / Une pincée de cannelle en poudre / Le zeste de 1/2 citron non traité / 2 cuil. à soupe de cassonade.

4 PERS. – PRÉP. : 15 MIN – CUIT-VAPEUR : 25 MIN
AUTOCUISEUR : 14 MIN

1 › Casser l'œuf entier dans un saladier. Ajouter les 3 jaunes et le sucre puis fouetter le mélange jusqu'à ce qu'il blanchisse.

2 › Verser la crème liquide dans une casserole avec la cannelle et le zeste de citron. Porter à ébullition, retirer du feu, ôter le zeste et verser sur le mélange aux œufs en fouettant sans cesse. Répartir la crème dans 4 ramequins, couvrir d'un film alimentaire et déposer dans un panier.

3 › Mettre 1 l d'eau à bouillir dans la partie basse du cuit-vapeur. Mettre le panier en place et faire cuire pendant 25 minutes.

4 › Sortir les ramequins du panier, les laisser refroidir et les mettre au réfrigérateur jusqu'au moment de servir.

5 › Au dernier moment, retirer le film alimentaire et saupoudrer la surface de chaque crème avec la cassonade. Faire rapidement colorer les crèmes sous le gril du four bien chaud.

6 › Servir aussitôt.

moelleux au chocolat

4 œufs / 125 g de chocolat noir / 125 g de beurre ramolli / 100 g de sucre en poudre / 100 g de farine / 2 cuil. à soupe d'huile végétale.

4 PERS. – PRÉP. : 15 MIN – CUIT-VAPEUR : 1 H
AUTOCUISEUR : 40 MIN

1 › Casser les œufs en séparant les blancs des jaunes. Monter les blancs en neige ferme.
2 › Faire fondre le chocolat au bain-marie. Ajouter le beurre et les jaunes d'œufs en mélangeant vivement au fouet. Incorporer le sucre et la farine sans cesser de remuer. Ajouter les blancs montés en neige en mélangeant délicatement.
3 › Huiler un moule à gâteau et y verser la pâte. Couvrir d'un film alimentaire et déposer dans le panier.
4 › Mettre 2 l d'eau à ébullition. Mettre le panier en place et faire cuire le gâteau à la vapeur pendant 1 heure.
5 › Sortir le gâteau du panier et le laisser tiédir avant de le démouler.
6 › Servir tiède ou froid.

papillotes de pommes à la vanille

4 grosses pommes / Le jus de 1 citron / 2 cuil. à soupe de miel / 1 gousse de vanille / 1 cuil. à café de cannelle en poudre.

4 PERS. – PRÉP. : 10 MIN – CUIT-VAPEUR : 15 MIN
AUTOCUISEUR : 6 MIN

1 › Peler les pommes puis les évider. Les arroser aussitôt de jus de citron. Découper 4 carrés de papier sulfurisé. Déposer 1 pomme sur chacun et verser 1 cuillerée à café de miel à l'intérieur. Fendre la gousse de vanille dans sa longueur puis la couper en quatre. Glisser un morceau de vanille dans chaque pomme et saupoudrer de cannelle. Refermer les papillotes en repliant plusieurs fois les bords du papier.
2 › Mettre 50 cl d'eau à bouillir dans la partie basse du cuit-vapeur. Déposer les papillotes dans le panier. Faire cuire pendant 15 minutes.
3 › Servir en papillotes.

moelleux au chocolat

papillotes poires-bananes à la cannelle

2 poires / 2 bananes / Le jus de 1/2 citron / 1 cuil. à soupe de sucre en poudre / Quelques graines de cardamome / 4 figues sèches / 2 cuil. à soupe d'amaretto / 2 cuil. à café de cannelle en poudre / 4 boules de glace à la vanille.

4 PERS. – PRÉP. : 10 MIN – CUIT-VAPEUR : 15 MIN
AUTOCUISEUR : 6 MIN – REPOS : 30 MIN

1 › Éplucher les poires et les bananes. Les couper en morceaux d'égale grosseur. Mettre ces fruits dans un saladier, ajouter le jus de citron, la cannelle, le sucre et les graines de cardamome. Mélanger délicatement. Laisser reposer pendant 30 minutes.

2 › Inciser les figues sèches en croix.

3 › Répartir la préparation sur 4 carrés de papier sulfurisé. Placer 1 figue au centre, arroser de quelques gouttes d'amaretto, saupoudrer de cannelle et replier soigneusement les papillotes. Les disposer dans le panier du cuit-vapeur.

4 › Mettre 50 cl d'eau à bouillir dans la partie basse du cuit-vapeur. Faire cuire les papillotes à la vapeur pendant 15 minutes.

5 › Déposer une papillote sur chaque assiette, l'ouvrir assez pour y glisser 1 boule de glace juste sortie du congélateur.

6 › Servir sans attendre.

table des matières

Introduction › 03
La petite histoire › 04
Quand vapeur rime avec saveur › 06
Des vitamines préservées › 08
La cuisson proprement dite › 09
Comment et avec quel appareil ? › 10
Temps et quantité › 11
Tableau des temps de cuisson des aliments › 14

Préparations de base
Bouillon de volaille › 16
Sauce au yaourt et aux fines herbes › 16
Coulis de poivrons › 17
Coulis de fruits › 17

Légumes
Asperges tièdes et crème fouettée à l'orange › 18
Caviar d'aubergine › 18
Avocats au coulis de poivrons › 21
Brocolis aux raisins et à la tapenade › 21
Salade de carottes épicée › 22
Gâteau de chou-fleur › 23
Gratin de céleri-rave › 23
Roulés de chou vert › 26
Courgettes à la menthe › 28
Velouté de courgettes au basilic › 28
Courgettes farcies à la ricotta › 29
Velouté d'endives au cerfeuil › 32
Épinards à la crème › 32
Fèves au cumin › 33
Salade de haricots verts aux raisins › 34
Chaussons de laitue aux petits légumes › 35
Lentilles vertes au curry › 37
Petits pois au yaourt › 37
Papillotes de pommes de terre aux truffes › 38
Pommes de terre nouvelles et roquette › 41
Quelques astuces › 41
Crème de potiron › 42
Flans de potiron › 42
Tomates farcies au fromage de chèvre › 44
Légumes frais à l'aïoli › 45